RETOUR

D'UN

VOYAGE EN ORIENT.

RETOUR

D'UN

VOYAGE EN ORIENT

PAR MALTE, LA SICILE ET L'ITALIE.

JUILLET—OCTOBRE 1836.

PAR JULES FLEUTELOT.

Tempus breve est. Præteril figura hujus mundi.
Le temps est court. La figure du monde passe.
(ST. PAUL. Ire Ép. aux Corinth., VII, 29-31.

PARIS.

IMPRIMERIE DE E. DUVERGER,

RUE DE VERNEUIL, N. 4.

1837

AVERTISSEMENT.

N'ayant pu me défendre, en écrivant, de quelques citations latines et italiennes, j'ai cru devoir chaque fois en donner la traduction, mais littérale surtout, et respectueuse : ce sont miettes sacrées, dont il ne faut rien laisser tomber à terre; les faire disparaître de ces feuilles, c'était en ôter les plus belles choses. D'autres allusions moins marquées, plusieurs passages grecs en prose et en vers, et, enfin, tout ce qui pouvait servir au texte même de complément ou d'explication, a été rejeté à la fin du volume.

INTRODUCTION.

J'ai visité l'ancien monde ; je suis allé en Orient, en Terre-Sainte ; il est permis à tous d'y aller, mais non à tous d'en parler. Des hommes éminents, auxquels il convenait d'élever la voix, comme à moi de me taire, nous ont donné leurs récits, et je répéterais ici volontiers ce qu'on disait de César : « L'histoire est impossible après de tels Commentaires [1]. »

Cependant, revenu au port, sans qu'une trace lumineuse eût marqué sur les flots le passage de mon navire, j'ai vu avec peine jusqu'à son dernier sillon prêt à s'effacer pour toujours !

Quelque chose de ma pensée, quelque chose de moi périssait là ; comment rester insensible ? comment n'être pas tenté de disputer à l'oubli ces fugitives impressions que j'étais allé chercher si loin ; comment ne pas désirer d'en fixer le souvenir, pendant qu'il était temps encore ? Etait-ce donc là le cri puéril de la vanité, ou ne faisais-je qu'obéir à l'une des premières, à l'une des plus fortes lois de notre nature ?

Des paroles se pressaient sur mes lèvres ; je les ai recueillies ; je devais jeter au moins à l'écho le nom de ces contrées auxquelles ma plume n'aurait osé toucher, et, voulant rendre témoignage de la sympathie qu'elles m'inspirent, j'ai dû choisir pour cela le moment où je les saluais pour la dernière fois. En voyage, comme dans le drame de nos passions, n'est-ce pas à l'heure de l'adieu, à l'heure de la séparation et du sacrifice, que l'on sent plus profondément la beauté de ce qu'on abandonne ? Alors, contrariée dans ses plus chers instincts, l'âme est en proie à d'indicibles peines; les faibles sont brisés, les forts sont abattus; les moins éloquents trouvent des accents déchirants ou sublimes, et leur langue se délie avec douleur! Cruelle angoisse, rare dans la vie, mais qui en voyage renaît presque chaque jour!

Lorsqu'on perd de vue Damas et ses jardins; Jérusalem et ses tristes collines; le Caire et les tombeaux de ses Califes; ou seulement les sables du désert, asile autrefois des affligés et des pénitents, qui pouvaient y gémir sans être entendus des hommes; lorsqu'emporté vers la Propontide, on voit les minarets de Constantinople, la verte Pointe du Sérail, et le Bosphore, et toute cette inexprimable scène, s'abîmer au loin dans la brume du soir, et nous échapper comme un songe; lorsqu'en allant d'Athènes à Eleusis, après avoir passé le petit mont Pœcile [2], on n'aperçoit plus ni la ville de Minerve, encore semée çà et là de choses grecques, c'est-à-dire grandes ou gracieuses [3]; ni ses champs couverts d'oliviers, aujourd'hui à demi sauvages; ni le rocher de l'Acropole, ni à sa cime le Parthénon, cette œuvre mutilée, mais toujours glorieuse, d'Ictinus et de Phidias [4]; lorsqu'à Rome, à la Porte du Peuple, on serre affectueusement la main de quelques amis moins affligés de nous quitter, que de nous voir quitter la ville éternelle; on souffre, on entend frémir et murmurer dans son sein je ne sais quelle poésie désolée! Nos regards s'étaient reposés complaisamment sur les flots transparents, sur le rivage enchanté, sur la solitude, sur les ruines émouvantes; et voilà qu'il faut partir!

La seule consolation qui nous reste alors, c'est de détacher courageusement notre cœur, en même temps que nos yeux, de ces objets bien-aimés; c'est de considérer tous ces monuments célèbres, de pierre, de marbre, de bronze ou de granit, comme des jouets plus ou moins fragiles que l'homme s'est fabriqués pour durer quelques heures; créations caduques, et périssables aussi bien que lui-même; c'est de penser enfin que cette terre si riche en merveilles, où nous vivons un jour, n'est après tout qu'un peu de poussière!

Tempus breve est. Præterit figura hujus mundi.
Le temps est court. La figure de ce monde passe.

RETOUR

D'UN

VOYAGE EN ORIENT

PAR MALTE, LA SICILE ET L'ITALIE.

JUILLET—OCTOBRE 1856.

I.

Départ de Patras. — Zante. — Malte et Gozo. —Temples d'Agrigente.—Soufrières. — Castro-Giovanni (*Enna*). — Leon-Forti (*Tabœ*).—San-Filippo d'Argyro (*Agyrium*).

Adieu l'Orient! Adieu la Turquie, l'Egypte, l'Arabie, la Palestine et la Grèce! Je laissais tout cela en laissant Patras. J'avais foulé le sol de ces contrées illustres; mais en pèlerin, en voyageur, en exilé volontaire, et *le jour du retour* était venu, comme dit Homère[5]. Il y avait là, devant le port, un bâtiment anglais qui m'attendait; *l'Hermès*, énorme monstre vomissant deux tourbillons de noire et blanche fumée, Chimère des temps modernes, fille des hommes et non plus des dieux[6], qui venait m'enlever du pays de la fiction.

Nous passons auprès de Zante; je murmure quelques vers antiques, devant l'amphithéâtre qui porte sur ses pentes doucement inclinées une ville entourée de verdure; c'est toujours la *nemorosa Zacynthos* « Zante couronnée de forêts[7]. » Je ne sais quelle secrète harmonie s'ajoute aux paroles des grands poètes, prononcées en présence des lieux mêmes qu'ils ont immortalisés; c'est le clou d'or qui fixe dans notre esprit tant d'images, tant de paysages divers; jusqu'à ce que, l'âge et la vie affaiblissant peu à peu cette ardeur juvénile qui nous avait entraînés vers quelques coins privilégiés de la terre, il ne demeure aux fresques de la mémoire que des contours indécis et des couleurs effacées!

Cependant les côtes du Péloponèse devenaient

de plus en plus confuses; quelques minutes encore, et je ne les voyais plus. Lorsque, pour la première ou pour la dernière fois, on s'éloigne de lieux regrettés, le mouvement modéré, mais constant de la vapeur, a quelque chose de fatal, d'inexorable, qui refoule sans pitié au fond du cœur toute faible et tendre pensée. La traversée fut achevée en quarante-huit heures.

Adieu l'Orient, adieu la Grèce! Mais voici Malte, l'Occident, la patrie! Une idée, une émotion ne s'oublie que pour une autre.

Quoique les Anglais possèdent Malte, de fait depuis le commencement du siècle, et par les traités, depuis 1814, ce n'est point leur langue qui frappe l'oreille en entrant dans la cité du Grand-Maître de Lavalette; une population remuante et bruyante vous étourdit de son idiome dur et guttural, où il est facile de reconnaître l'arabe, à peine adouci et tempéré de quelques sons italiens.

Qu'ai-je trouvé de vous dans votre île, ô belliqueux chevaliers? Plus rien[8], que votre enveloppe de fer, votre vêtement de bataille, menaçants et vains simulacres, rangés contre les murs de la salle d'armes au Palais Magistral! et puis, les mosaïques de vos pierres funéraires, qui forment le pavé de l'église Saint-Jean !

Je voulus voir à Gozo (l'ancienne Gaulos[9]), petite île voisine de Malte, et peut-être un fragment de Malte même, ce qu'on appelle la *Giganteja,* ou tour des géants; précieux et curieux spécimen de l'architecture des Phéniciens[10], situé à peu de distance de la baie de Marsh-al-Forno. Si l'on en croit les opinions les plus récentes et les plus éclairées[11], les deux enceintes découvertes que l'on y observe encore auraient appartenu à un temple où ce peuple adorait une sorte de Vénus, de Cybèle ou d'Isis; en un mot, le principe de la génération universelle des choses. Les murs, construits en pierres irrégulières, m'offraient bien au premier coup d'œil quelque analogie avec les monuments pélasgiques de Cnide, au cap Crio (*Triopium Promontorium*), et avec plusieurs autres constructions du même genre qui subsistent encore en Asie-Mineure et en Morée; celles-ci pourtant, jusque dans leur système bizarre, ne manquent pas de symétrie et d'une certaine élégance; celles-là sont plus brutes, plus informes, plus primitives. Les espèces de sanctuaires, que l'on voit à l'intérieur, composés de deux pierres debout, et d'une troisième superposée en travers pour les réunir, ressemblent beaucoup aux tombeaux celtiques.

Est-il vrai qu'on doive retrouver, dans Malte ou dans Gozo, l'île de Calypso, la fameuse *Ogygia* de l'Odyssée[12]? L'une comme l'autre présente à l'appui de ses prétentions, une grotte ouverte aujourd'hui à tout venant, et veuve de la nymphe immortelle[13]. Mais à Malte comme à Gozo, je me demandais : Où sont ces aulnes, ces peupliers, ces cyprès odorants, ces sapins qui élevaient leur tête jusqu'aux cieux, ces forêts enfin dont parle Homère[14], et qu'un sol aussi aride n'a jamais pu nourrir ? On rencontre bien çà et là des cultures d'orangers et de mûriers, quelques vignes, quelques jardins; mais ce n'est, à vrai dire, qu'une végétation clair-semée, obtenue à force d'industrie et de patience, conquête de l'art plutôt que présent de la nature. Le climat est chaud, mais l'humus manque; et le soleil, avec toute sa puissance, ne peut féconder un rocher. D'autre part, si avec Pline, on place l'île de Calypso, vers les côtes de la Calabre ultérieure, à dix milles du cap des Colonnes [15] (*Lacinium Promontorium*), comment appliquer cette autre désignation homérique, *nombril de la mer* [16], à un pays si voisin du continent? Tenons-nous-en à ce qui n'est point contesté, à la poésie de cette merveilleuse histoire; ce qui importe, après tout, ce n'est pas la position et le degré; c'est Ulysse [17], assis sur les rochers de ce rivage, depuis le lever jusqu'au coucher du soleil, mouillant de ses larmes les vêtements incorruptibles que la déesse lui a donnés; soupirant pendant sept années, après Ithaque, après la fumée d'Ithaque, et regardant en pleurant la mer immense :

« Si les dieux, s'écrie-t-il, recommencent à me « poursuivre sur ces flots noirs, je me résignerai.

« Que n'ai-je point enduré jusqu'ici ? Eh bien,
« encore cela ! J'ai dans ma poitrine un cœur à
« l'épreuve de l'adversité [18]. »

Je pouvais revenir directement de Malte en
France ; je cédai au désir de connaître la Sicile et
l'Italie. J'avais déjà vu beaucoup de ruines, et je
n'en étais pas rassasié. Je ne me lassais pas de considérer comment le temps renverse les ouvrages
des hommes, comment il se rit du double effort
de leurs mains et de leur génie ! contemplation
dangereuse, malgré sa grandeur, ou à cause de sa
grandeur même ! A force de se heurter aux osse-
ments des villes, à force de marcher au milieu
des cendres et des tombeaux, quelque chose aussi
semble s'ébranler, s'affaisser, et périr en nous-
mêmes ; l'imagination, échauffée d'abord, et sur-
excitée par des noms retentissants, par de glo-
rieux souvenirs, fleurit, et puis se fane presque à
la même heure ; au-dessus de nos fronts s'amasse
comme un nuage, une vague mélancolie, et nous
tombons parfois dans la langueur et dans la tris-
tesse : du haut des siècles évanouis une om-

bre funeste s'est projetée pour toujours sur la pensée!

Je m'étais embarqué, pour passer à Girgenti, sur une de ces lourdes barques nommées *spéronares,* qui font journellement le trajet des ports de la Sicile à celui de Malte. Le vent, qui avait daigné gracieusement fraîchir au moment du départ, cessa dès le lendemain, et nous abandonna au milieu d'une mer immobile. C'était au commencement du mois d'août; l'air était embrasé, la chaleur étouffante, le calme désespérant. Le matin et pendant la nuit, on mettait à profit quelques brises de courte haleine; pendant le jour, les matelots, plus pressés encore que moi, gagnaient à grand'peine quelques milles, en faisant force de rames; et je m'appliquais ce vers de la prédiction d'Hélénus [19]:

Antè et Trinacriá lentandus remus in undâ :

« Il faudra qu'auparavant tes rames fatiguent « longtemps encore la mer de l'île aux trois « pointes. »

Je ne voyais distinctement ni Malte ni la Sicile ; à gauche, une longue barre de vapeurs rougeâtres s'étendait sur cette partie de la côte d'Afrique qui se termine au cap Bon. Il ne tenait qu'à moi de deviner au travers de ce voile épais et Tunis et Carthage ; mais c'était là tout ce que je devais en connaître.

Enfin, après une pénible navigation de cinq jours, la spéronare Amélie entra dans le port de la moderne Agrigente, derrière la jetée où tant de débris sacrés sont venus s'ensevelir. Néanmoins tout n'a pas disparu du sol de la cité grecque, colonie des Ioniens selon Strabon, des Doriens selon Thucydide, qu'il faut en croire ; plusieurs temples annoncent encore suffisamment quelle dut être son importance ; ils sont, comme presque tous ceux de l'île, de l'ordre dorique le plus ancien : lignes simples et pures, sobriété d'ornements, gravité austère. Celui de la Concorde est le mieux conservé de tous. Sous ce rapport, et par le nombre de ses colonnes, et par ses proportions, il me rappelait assez le temple de Thésée, à Athènes; ici toutefois, cette pierre calcaire, âpre et grossière à l'œil comme au toucher, toute rongée par l'air, la pluie et les siècles, me plaisait peu; je regrettais le marbre au grain fin et serré, le marbre qui est presque immortel. Mais il ne paraît pas que les anciens habitants de la Sicile l'aient jamais mis en usage. Dans le temple d'Hercule, si ruiné, qu'en idée même on a peiné à le reconstruire, s'élevait autrefois cette belle statue d'airain dont la bouche et le menton avaient fini par s'user[20], comme aujourd'hui l'orteil de saint Pierre à Rome[21], sous les lèvres de ceux qui venaient adresser au dieu leurs remercîments et leurs prières. Je cherchai vainement jusqu'au piédestal où elle avait pu être placée.

Dans la ruine voisine, qui appartient à Jupiter Olympien, je rencontrai étendu à terre dans toute sa longueur, un énorme colosse bien autrément défiguré par les baisers homicides du Temps, et réduit à n'être plus qu'un assemblage de morceaux épars, réunis et rapprochés le mieux possible par la main pieuse et patiente des artistes et des antiquaires. Tout en ayant égard à l'état de dégradation de cette sculpture, on ne peut guère supposer qu'elle ait jamais été l'œuvre d'un art perfectionné. Ce qu'elle a de plus remarquable, c'est une sorte de couronne en relief, dont on suit très bien la trace, et, pour ainsi dire, les feuilles, sur le front et autour de la tête. On a présumé que cette statue était le dernier reste d'une imposante décoration en Atlantes ou Cariatides, qui aurait soutenu la corniche intérieure du temple. Son apparition est d'un bel effet au milieu des fragments confus qui l'entourent; on y croit voir le dieu lui-même, s'obstinant à veiller sur les décombres de son sanctuaire! Ainsi le grand Sésostris est couché sur la rive gauche du Nil, au fond d'une mare bourbeuse; lui aussi, gardien solitaire de Memphis anéantie[22]!

Pour terminer ma consciencieuse tournée, je me rendis encore à des fouilles plus récentes, déjà placées, s'il me souvient bien, sous l'invocation de Castor et Pollux. De retour dans la plaine, je levai les yeux vers une terrasse de rochers taillés à pic, qui avait supporté les murs de la ville ancienne, et devait se découvrir de loin, comme l'a dit Virgile[23] :

Arduus indè Acragas ostentat maxima longè
Mœnia, magnanimúm quondam generator equorum.

« Le haut Acragas, qui nourrissait autrefois de « généreux coursiers, offre de loin à mes regards « de gigantesques murailles.

Puis je partis, monté sur un descendant bien dégénéré de ces nobles animaux « aux pieds infatigables, » qui portaient des couronnes attachées à leurs crinières, pour avoir donné la victoire aux quadriges de Théron dans les Jeux olympiques[24].

Les environs d'Agrigente sont couverts de vignes, de jardins, de plantations prospères ; avant et après Canigatti, il n'y a plus que des montagnes pierreuses, blanchâtres ; pourtant, sous ces dehors de stérilité, elles recèlent une des richesses du pays, une des branches les plus importantes du commerce sicilien; de larges ouvertures pratiquées çà et là dans leurs flancs conduisent à des mines où l'on va chercher le soufre; il est purifié par le feu, aussitôt après l'extraction, de tout mélange avec des matières terreuses, et coulé sur place en pains carrés de plusieurs pouces d'épaisseur. Des nuages de fumée, et une forte odeur répandue dans l'atmosphère, vous signalent de loin ces petits Etna de l'industrie. Les eaux de ces cantons sont salées, désagréables à boire; et l'on y mourrait de soif sans quelques fontaines bienfaisantes, ressources cachées de la nature, aussi bien connues des muletiers, en Sicile, que des chameliers au désert.

Au-delà de Caltanisetta, on passe à gué le fleuve Himère[25] (*Fiume Salso*), que les Romains, au rapport de Tite-Live, regardaient comme partageant l'île en deux moitiés à peu près égales. Ici les arbres reparaissent, le sol commence à se vêtir de nouveau; on n'est pas loin d'Enna, immortalisée par la beauté de ses campagnes et l'enlèvement de Proserpine ; on n'est pas loin de ce lac *Per-gus*[26] où chantaient des cygnes plus nombreux que ceux du Caystre ; c'est ici enfin que la jeune déesse cueillait les violettes et les lys blancs[27], lorsque Pluton vint la surprendre, l'arracher à ses compagnes éplorées, et l'entraîner vers le Tartare, « secouant, dit Ovide, de sombres rênes « à couleur ferrugineuse sur le dos des coursiers « infernaux[28]. »

. . . Quorum per colla jubasque
Excutit infernâ tinctas ferrugine habenas.

Les Verrines[29] disent qu'Enna est située sur un plateau fort élevé, au sommet d'une montagne dont les pans escarpés isolent la ville de toutes parts. Je puis ajouter que les chemins qu'il faut suivre, d'abord pour y monter, puis du côté de Calatascibetta pour en descendre, achèvent aujourd'hui de la rendre presque inaccessible. Après avoir gravi, chacun de notre côté, ma bête et moi, ces sentiers défoncés, dépavés, semés de monceaux de pierres, impraticables enfin, nous trouvâmes tous deux le prix et la consolation de nos fatigues dans les eaux fraîches et murmurantes qui sortent d'un rocher, à l'entrée de la ville; ce sont sans doute les *aquæ perennes* dont Cicéron parle au même passage. Au lieu des prêtres de la déesse, ceints de bandelettes et couronnés de verveine, je ne rencontrai dans les rues, presque désertes, que quelques religieux d'assez bonne humeur; ils souriaient à cette ardeur de paganisme qui, de de loin en loin, leur amène à Castro-Giovanni des étrangers en quête, ainsi que moi, de la fille de Cérès.

Des torrents qu'on entend sans les voir et des coteaux ombragés me menèrent à Léon-Forti [30]; j'y arrivai au coucher du soleil, au moment où les troupeaux altérés et poudreux se pressaient tumultueusement vers les bassins de son immense fontaine.

Le lendemain, avant le jour, je passais à San-Filippo-d'Argyro. De petites lampes, allumées en l'honneur d'un saint dont la veille on avait célébré la fête, brûlaient encore devant la plupart des

maisons; mon conducteur, en se signant, les sa-
luait l'une après l'autre, et ces lueurs mourantes
me montraient *Agyrium*, patrie de l'historien
Diodore [31]. Vers la fin du siècle dernier, Houël y
avait retrouvé encore un beau mur de construction grecque, près de la paroisse Sainte-Marguerite [32].

II.

Paterno (*Hybla Major*).—Mistar-Bianco.—Catane.—Nicolosi (*Ætnæ*) [33]. —L'Etna. — Théâtre de Taormina (*Tauro-minium*).

A mesure qu'on se rapproche de la base de l'Etna, des vestiges de destruction annoncent sa présence et racontent le sort déplorable de ces contrées. On arrive à Paterno (*Hybla Major*) [34] en foulant, non sans un sentiment d'effroi, un sol jonché de pierres calcinées, incrusté de laves refroidies, et dont l'aspect ingrat contraste avec les teintes riantes d'espaces tout voisins, que le hasard a préservés de la pluie dévastatrice. La route, après avoir monté encore, descend ensuite de plateaux en plateaux, et de villages en villages, jusqu'à une immense mer de verdure, *la Pianura di Catania.*

J'étais venu coucher le samedi soir à Mistar-Bianco (le monastère blanc) et le lendemain, aux premiers rayons du soleil, je quittai ce petit pays, situé à trois quarts d'heure de la ville. Les cloches sonnaient de toutes parts dans la campagne, et leurs salves bruyantes proclamaient le retour du dimanche. De nombreux campanilles, aux murailles bigarrées d'éclatantes couleurs, appelaient tour à tour mes regards sur une multitude de villages; *couvées de chaumières*[35], petits royaumes qu'ils dominent sans arrogance, mais non sans majesté. Des paysans s'acheminaient vers la ville, excitant leurs humbles montures, ou pressant le pas tardif des bœufs de leurs attelages. On ne voyait dans les sentiers et sur les portes que gens vêtus et parés de leur mieux; partout les coiffes luisantes et l'habit réservé, partout un air d'empressement et de fête.

Je prêtais donc chemin faisant au réveil du dimanche chrétien une oreille attentive ; à cette sorte de révolution hebdomadaire qu'il ramène, j'opposais intérieurement le réveil toujours paisible et uniforme des cités musulmanes, empreint également d'un caractère religieux, sous une forme moins solennelle, moins imposante peut-être, mais plus spontanée, plus naïve, plus immédiate, et dont j'ai gardé un profond souvenir. A Constantinople, au Caire, à Damas, dès que l'aube paraît, toutes les tourelles des mosquées chantent, pour ainsi dire, à la fois ; à peine l'une a donné le signal que toutes les autres lui répondent comme des échos vivants. Du haut des élégants balcons qui les couronnent, le *Muezzim*, suspendu entre le ciel et la terre, psalmodie lentement l'invitation sacrée : « *Dieu est grand ! Dieu est grand ! priez-le ! la prière vaut mieux que le sommeil !* » Et puis tout se tait... Et tandis que l'étranger, dormant encore à demi, se demande si ce concert étrange de voix humaines, qui vient de naître et de mourir dans le silence, ne serait pas une des dernières illusions de la nuit, le musulman se lève ; il place devant lui son tapis ou sa natte, et prie en silence, debout, les yeux baissés, le visage tourné vers la Mecque; et jamais cet hommage quotidien qu'il rend à Dieu n'a plus de pompe ni plus d'appareil un jour qu'un autre; monotonie grave et sensée! piété simple, et pourtant bien élevée!...

Je n'oubliai rien dans Catane de tout ce qui méritait mon attention à divers titres; ses églises, ses antiquités, le musée Biscari, le somptueux couvent des Bénédictins et tout ce qu'il renferme de rare; enfin la magnifique collection minéralogique du professeur Maravigna, où l'on admire toutes les variétés du soufre et de la lave, montées avec un luxe vraiment royal, et surtout des cristaux précieux, de toutes formes et de toutes bases; jeux savants, faciles chefs-d'œuvre de l'Invisible Ouvrier. Cependant mes yeux et ma pensée se reportaient sans cesse vers l'Etna; il se dressait là devant moi comme un géant; majestueux et paisible, il semblait m'inviter à profiter de son sommeil pour gravir le long de ses flancs déchirés, pour arriver jusqu'à sa tête chenue, et embrasser de là, d'un seul coup d'œil, au lever du soleil, toute la Sicile, les côtes de la Calabre, la Méditerranée, la mer Ionienne; tableau vaste et grandiose. Ainsi donc, le jour même de mon arrivée à Catane, après les heures de chaleur, je sortis par la Rue de l'Etna (*Via Ætnæa*) avec les guides, les animaux et les provisions nécessaires, dans la société d'un noble Véronnais, le comte Girolamo B., animé comme moi d'un beau zèle, qui ne devait pas recevoir sa récompense : car ici j'étais une seconde fois sous le coup d'un oracle de la muse latine[36], et malheureusement il ne fut pas plus menteur que l'autre :

Ætnæos apices solo cognoscere visu
Non aditu tentare licet.

« Il est défendu aux humains de porter leurs « pas sur les cimes etnéennes; leur œil seul doit en « mesurer la hauteur. »

Les abords de la montagne sont, comme on sait, d'une fertilité peu commune; une végétation vigoureuse y étale ses trésors. Cette région, appelée

Piedimonte, est occupée, malgré tant de leçons cruelles, par des populations dont on a peine à concevoir la sécurité insouciante. Ce jour-là, une fête champêtre les avait attirées à Mascaluccia, un des premiers villages que l'on rencontre sur le chemin. Les vives couleurs de leurs costumes se détachaient sur un fonds d'épaisse verdure, au milieu des nuances plus sombres de l'olivier et des pampres déjà brunis par l'été. Le son des instruments mêlé aux coups de fusil, l'agitation, les cris, les groupes changeants de cette foule heureuse, composaient une scène animée. Personne parmi les paysans ne fit attention à nous; habitués qu'ils sont à voir défiler ces sortes de cortéges, ou trop occupés de leurs plaisirs, il ne leur vint pas à l'idée de quitter les danses joyeuses et les tables dressées en plein air, pour nous accompagner à la Maison du diable (*la Casa di diavolo* [37]). Aucun obstacle ne se présente jusqu'à Nicolosi, ni même dans toute la longueur de la seconde région, couverte de vieux chênes qui lui ont fait donner l'épithète de *boschiva* [38] (boisée). Aux dernières limites de cette forêt, une maisonnette abandonnée (*la casa del Bosco*), composée de quatre murs et d'une toiture de branchage, assez transparente, sert d'hôtellerie aux voyageurs; par un repos de quelques heures, ils se préparent à la pénible tâche qu'ils vont essayer d'accomplir.

A minuit on se remit en marche. Les étoiles avaient disparu; le temps s'était couvert; l'air, calme jusqu'alors, commençait à s'agiter. Nous entendions des sifflements sinistres; les chevaux avançaient avec lenteur, trébuchant sur un sol hérissé de scories et de matières volcaniques; des coups de vent soudains leur jetaient dans les yeux et nous fouettaient à la figure une sorte de sable et de cendre grenue; ils reculaient, ils s'arrêtaient, jusqu'à ce qu'enfin, harassés, aveuglés, ils refusèrent net d'aller plus loin.

Nous continuons l'ascension à pied, la tête enveloppée, les vêtements serrés autour du corps, nous tenant par la main, et réunissant nos efforts contre les assauts du vent qui nous soulève presque de terre; mais plus nous montons, plus il a prise sur nous, plus il devient irrésistible. A trois heures, l'obscurité régnait encore. Au milieu d'une nuit affreuse, perdus dans ce pays sans chemins, battus par une véritable tempête, par des tourbillons qui se croisaient en tous sens, notre voyage ressemblait beaucoup plus à une descente aux enfers qu'à une partie de plaisir. J'ai lu depuis dans le poème du Dante [39] la description d'un supplice infligé à des damnés, qui n'est que l'exacte peinture de la situation critique où nous nous trouvions alors.

Io venni in luogho d'ogni luce muto
Che mugghia, come fa mar per tempesta,
Se da contrari venti e combattuto.

La bufera infernal, che mai non resta,
Mena gli spirti con la sua rapina,
Voltendo e percotendo gli molesta.

« Je vins dans un lieu où ne pénétrait aucune « lumière, où l'on entendait un mugissement pa- « reil à celui de la mer dans une tempête, quand « elle est soulevée par des vents furieux.

« L'ouragan infernal, qui jamais ne se repose,

« entraîne les esprits dans son tourbillon ; il les
« ballotte, les frappe et les châtie. »

Je me serais estimé heureux d'atteindre au moins
ce qu'on appelle *la tour d'Empédocle* [40]; ce nom
eût été quelque chose, un dédommagement pour
l'imagination, et de plus un refuge, un port de
salut dans notre naufrage sur la montagne. Mais
nous en étions à plus d'une lieue, et nous pou-
vions à peine nous soutenir. Il fallut céder aux
éléments, renoncer à notre entreprise qui n'é-
tait plus qu'une lutte impuissante, et chercher
même au plus vite une gorge assez profonde pour
nous abriter et nous recueillir. Ce fut près du pic
de *Montagnuola*. L'Etna est un vrai royaume et
comme une province à part dans la Sicile ; il a sa
carte à lui seul, où les moindres accidents de terrain sont relevés, numérotés, et désignés chacun
sous un nom propre, consacré, authentique.

Le soleil ne se montra que voilé de nuages ; il
vint jeter une clarté terne et lugubre sur les hau-
teurs désolées où nous attendions son retour, tris-

tement assis, et méditant sur nos infortunes. Quel spectacle! partout la lave sillonnant et labourant profondément la terre; ici, des blocs gigantesques, aux faces écorchées, aux arêtes aiguës et dentelées; là, des rivières, des torrents, des cascades, dont les nappes, fatalement suspendues, ne tombent plus et semblent tomber encore. J'avais sous les yeux, changée et comme traduite en une réalité poétique aussi, la poétique image de Virgile [41]:

Mutata suos requierunt flumina cursus.

« Les fleuves se sont arrêtés dans leur course, « vaincus par un charme puissant. »

Singulier jeu de la matière! voilà deux de ses modalités bien tranchées, bien incompatibles, arrivant à se confondre, à s'unir, à se pénétrer l'une l'autre; un corps opaque, un solide, paraissant couler et ruisseler comme l'élément liquide et insaisissable; d'autre part, un vrai fluide, captif sous une dure écorce et emprisonné dans la solidité; enfin le mouvement lui-même surpris et fixé dans une immobilité éternelle!

Le volcan, dit-on, n'est plus à craindre; pourtant des bouffées de vapeurs brûlantes s'échappent souvent du cratère. N'est-ce pas l'avertissement ou plutôt la menace d'un ennemi toujours armé? Puissance souterraine, fléau capricieux et terrible, qui a dicté à Virgile deux descriptions achevées[42], à Claudien une tirade mythologique et de spirituelles observations sur le voisinage amical du feu et des neiges[43], mais que déjà Lucrèce[44], avant eux, avait su comprendre et peindre, dans quelques vers d'une concision énergique, d'une mâle et fière harmonie, où il atteint l'idéal, comme tous les génies, par la vérité même:

Hic Ætnæa minantur
Murmura flammarum rursùm se colligere iras,
Faucibus eruptos iterùm ut vis evomat ignes,
Ad cœlumque ferat flammaï fulgura rursùm.

« Là, par de sourds grondements, l'Etna semble
« préluder aux fureurs d'un nouvel incendie; peut-
« être la gueule du monstre, violemment déchirée,
« va vomir de nouveaux feux; peut-être il va por-
« ter jusqu'aux cieux l'éclair de sa flamme! »

Le lundi soir je partis à cheval pour Messine,

regrettant de n'y point aller par mer, et de ne pas voir, de mes propres yeux, dans le fameux détroit, Charybde et Scylla, le port d'Ulysse (*baie de Lognina*), et les rochers des Cyclopes (*Fariglioni della Trizza*). Du reste, il me répugne d'admettre les traditions que ces deux derniers noms rappellent, malgré l'autorité de Virgile [45] qui les a suivies et adoptées. Car si ce port est bien celui d'Ulysse, et ces rochers les rochers des Cyclopes, si en quittant la terre des Lotophages, située sur la côte d'Afrique [46], le héros de l'Odyssée est venu par cette route en Italie, au pays de Circe (*monte Circello*), déjà, avant d'arriver chez la fille du soleil, il a échappé sans s'en douter à Charybde, à Scylla, aux Sirènes, et alors tous les sages conseils, toutes les recommandations prudentes [47] de la magicienne, au sujet de ces trois périls, deviennent ridicules ou inutiles.

Au point du jour, je montais vers Taormina, me laissant conduire aux lignes sinueuses d'un étroit sentier. Arrivé au théâtre, j'allai m'asseoir au pied de ses portiques mutilés, et de là, du haut de cette ruine si imposante, si pittoresque, contemplant tour à tour les rougeurs naissantes de l'aurore, l'Etna, la mer et les riches vallées de la côte, et près du rivage les barques des pêcheurs, dormant encore sous leurs voiles ployées, j'attendis le lever du soleil... J'assistai, ô nature! à tes pompes toujours sublimes! Pourquoi notre réveil n'est-il pas, comme le tien, un réveil perpétuel de joie, de bonheur, de pureté, de jeunesse? Tes gazons que la veille on a foulés, tes herbes courbées sous les bonds des génisses, se sont pendant la nuit relevées plus vertes et plus fortes; Mais nous!... Et pourtant, en vertu de secrètes sympathies, dans l'épanouissement universel de cette heure, nous sentons aussi comme des germes enfouis, comme des semences cachées, se soulever, se développer en nous-mêmes; il semble qu'un rayon de cette splendide lumière, qui revient éclairer toutes choses, a pénétré jusque dans nos profondeurs les plus intimes; nos douleurs, comme les ténèbres, sont un moment vaincues et dissipées; des émanations éthérées s'exhalent de notre âme vers les cieux, en même temps que la fumée des collines.

III.

Messine et Palerme.—Trapani (*Drepanum*).—Vénus Erycine.
—Fête de la Madone. — La Loterie en Sicile. — Ruines de
Sélinunte et de Ségeste.

Je suis resté peu de jours à Messine et à Palerme;
et si je ne retrouve pas aujourd'hui dans mes souvenirs tout ce qu'on a pu me montrer dans ces deux
villes, je n'ai pas oublié, du moins, le paysage
délicieux où elles sont assises, entre un ciel et
une mer dont on ne sait lequel des deux est le
miroir de l'autre. A l'aspect de ces lieux fortunés,
comme à l'aspect de tous les beaux lieux de la
terre, nous croyons y avoir vécu toujours, et
nous désirons d'y mourir!

Ce qu'on remarque surtout à Palerme, c'est le *Toledo*, où défile chaque soir, ainsi qu'au *Toledo* de Naples et au *Corso* de Rome, une suite nombreuse d'élégants équipages; le jardin de *la Flora*, où l'on salue les bustes de tous les grands hommes de la Sicile; la cathédrale, quoiqu'elle ne tienne pas au dedans les brillantes promesses de l'extérieur; enfin, cette quantité incroyable d'églises toutes décorées de marbres précieux; Sainte-Catherine, entre autres, recouverte et comme tendue à l'intérieur de jaspes dont les veines ondoyantes imitent les plis d'une molle et moelleuse tapisserie.

Hors de Palerme, j'ai visité aussi Montréal et son cloître mauresque; *la Rocca di San-Martino*, qui domine un vallon sauvage; le vestibule de la *Siza*, où se reflète l'architecture du Caire et de Damas; et surtout les souterrains du couvent des Capucins, plus vastes, plus peuplés que ceux du même nom et du même genre à Rome. Là se tiennent debout, le long des murailles, comme une procession qui s'est arrêtée, plusieurs centaines de religieux vêtus de la bure monacale, les bras croisés, la tête inclinée vers la poitrine; tandis que reposent à jamais sur des lits de parade et sous des châssis vitrés, en étoffes de velours et de soie, en souliers de satin, des fleurs aux cheveux et à la ceinture, une foule de demoiselles et de dames, autrefois sans doute belles et charmantes. En sortant des Catacombes, au haut de l'escalier, l'étranger lit trois ou quatre sonnets italiens pieux et pathétiques, où il trouve résumées, sous toutes les formes de l'antithèse, les réflexions et comparaisons qu'il n'a pu manquer de faire, en traversant ces galeries funèbres, ces appartements de la mort.

De là, comme Enée [48], «j'allai descendre, au port de Drepanum, sur une plage stérile et désolée.» Je gravis le mont Eryx, aujourd'hui le *San-Giuliano*, consacré autrefois à Vénus Erycine; je n'y trouvai, au lieu du temple de la déesse, que les cachots d'un vieux castel. Païen le matin et chrétien le soir, souvent tous deux à la fois, à mon retour de la montagne de Vénus, j'entrai dans l'église du couvent des Carmélites; elle est décorée comme celles de nos villes maritimes, de petits tableaux votifs, où l'on voit des barques et des navires toucher le port, quoique poursuivis par des vagues furieuses; marines grossières, mais expressives, que viennent suspendre aux piliers des chapelles les faibles mortels sauvés de l'abîme par une intervention miraculeuse.

Le dimanche 14 août, c'était grande fête à Trapani, c'était la fête de la Vierge; ce même jour, on la célébrait aussi à Messine, avec plus d'ostentation peut-être, mais non avec plus d'enthousiasme, avec de plus bruyantes démonstrations d'allégresse. Je ne voulus rien perdre de tous les offices (*Funzioni*), de toutes les réjouissances; et le soir, dans les rues, je suivis la marche triomphale de la *Vara* : c'est un char en forme de nacelle, orné de clinquants et de dorures, qui promène à la clarté de mille flambeaux la statue magnifiquement parée de la Madone, et entourée d'anges, de chérubins aux ailes déployées. Chaque fois que le cortége s'arrête, une voix choisie chante une strophe de l'hymne composé tout exprès en l'honneur de la Madone; la reprise est répétée par des chœurs de jeunes gens et de jeunes filles, avec l'accompagnement de tout un orchestre, contenu dans les vastes flancs de la machine roulante; puis un houra étourdissant éclate de toutes parts; c'est la multitude, c'est le peuple qui s'écrie :

Viva la Madona di Trapani.

Après le feu d'artifice, la dernière de toutes les cérémonies, à laquelle pour cette raison sans doute il ne manquait personne, je partis avec des fermiers et des cultivateurs, qui, de vingt lieues à la ronde, étaient venus prendre part à la fête; ils s'en retournaient satisfaits dans leurs métairies et leurs villages. La nuit était superbe, étoilée, sereine; mes compagnons de route riaient, chantaient et causaient à ne pas s'entendre. A mesure que chacun d'eux atteignait son petit domaine, le lieu de ses travaux ou de sa naissance, on faisait une pause avant de se séparer; et là, c'étaient des questions multipliées, et d'interminables réponses, sur tout ce qu'on avait vu et entendu.

Un de nos pèlerins avait acheté une gravure représentant la sainte Vierge, portrait sans doute très indigne et très infidèle ; mais enfin cela s'appelait *la Madona di Trapani*, et partout où il la montrait, femmes, enfants et vieillards, maîtres et serviteurs, tous baisaient respectueusement l'image vénérée.

Heureux les habitants de ces campagnes, s'ils n'étaient pas en outre beaucoup trop dévots à une divinité dont le culte est loin d'offrir les mêmes consolations que celui de la Vierge ; je veux parler de la Fortune, à laquelle ils sacrifient chaque semaine, comme la ville, bien entendu, sur les autels, c'est-à-dire dans les bureaux de la loterie. Ce n'est pas là, certes, la moins désastreuse des maladies chroniques dont la Sicile est attaquée, la moins profonde des plaies qui rongent sa substance ; pays indigent et opulent à la fois, où l'homme sait à peine se baisser pour ramasser les dons d'une nature prodigue ; pays à demi inculte, et cependant étouffant sous le faste d'une production surabondante, mal secondée, mal dirigée ; véritable paradis en jachère [49].

A chaque gîte où je m'arrêtais, soit vers midi, soit à la nuit tombante, les paysans, me voyant ainsi courir le monde uniquement pour l'étudier et le connaître, et se faisant de mon savoir une idée beaucoup trop étendue, me persécutaient de leurs instances, conjurant humblement l'*Eccellenza* de leur désigner, au lieu de payer son lit et son repas, seulement un terne ou un quaterne, à son choix; quelque chose, là, de certain, ou au moins de très probable; mais l'*Eccellenza* avait beau venir de loin, elle n'en savait pas plus long sur le prochain tirage. En regardant à droite et à gauche dans les hameaux, dans de chétives bourgades, à Santa-Nympha, par exemple, dont j'ai retenu le nom à cause de la bizarre alliance d'idées qu'il exprime, j'apercevais parfois, dans une large chambre, des gens de tout âge et de tout sexe, assis sur des bancs et ne disant mot; au fond, un homme très occupé, courbé sur un pupitre, entouré de papiers et la plume à la main. J'étais édifié d'abord, me figurant que c'était là une réunion volontaire de personnes venant apprendre à lire et à écrire, quelque *école libre* d'instruction primaire. Hélas! le magister, c'était un buraliste, recevant de toutes mains tant grosses que petites offrandes; et les écoliers, c'étaient de pauvres dupes que l'heure de la clôture avait rassemblées, et qui, à l'envi l'une de l'autre, jetaient à la fonte leurs derniers *grani* peut-être (leurs derniers sous), dans le creuset dévorant de l'espérance. Je relèverai à ce propos une singularité qui ne peut manquer de frapper l'observateur parisien, c'est l'amalgame de la religion avec la loterie; c'est la sainte Vierge présidant, bon gré mal gré, à la perception de cet impôt scandaleux, et devenant ainsi responsable des caprices du hasard, ou plutôt de la spoliation frauduleuse iniquement consommée au profit du trésor. En Sicile, comme à Naples et à Rome, point de ces tableaux soigneusement encadrés, couronnés d'immortelles, où le bon peuple de notre capitale consultait les arrêts du sort, fidèlement enregistrés à la suite l'un de l'autre depuis deux ou trois années; point de ces livres si commodes, où l'*actionnaire* trouvait son cauchemar de la nuit, du matin surtout, expliqué, traduit en chiffres aurifiques;

là, peut-être, on se dit des songes ce que l'impie Eurymaque disait des oiseaux, en raillant le vieil augure Halithersès [50] :

Beaucoup d'oiseaux volent aux rayons du soleil; croirons-nous que chacun d'eux nous apporte un présage?

Donc, point de théories, point de statistique menteuse, point d'amorces décevantes; seulement, dans chaque bureau du *Real Lotto*, une Madone est exposée à tous les regards; et dans ces moments de perplexités, d'incertitudes palpitantes, que d'inspirations on lui demande, que de combinaisons variées on met sous sa protection! que d'œillades suppliantes, que de prières ferventes, que d'oraisons jaculatoires! La roue de fortune a tourné; et alors, ô mère de Jésus, tu entends quelques remercîments sans doute; mais combien de malédictions? combien de blasphèmes?

Arrivé à Partanna, je pris un guide pour me rendre à Sélinunte. C'était un pauvre idiot avec lequel toute conversation me fut impossible; cependant, comme nous passions au milieu d'un bois, il me regarda en mettant un doigt sur ses lèvres avec un air d'inquiétude; signe mystérieux qui me fut expliqué plus tard. Pour moi, fortement préoccupé des ruines que j'allais voir, les plus colossales de toute la Sicile, impatient d'arriver à ces *piliers des Géants,* comme on les nomme, *pilieri de' Giganti,* je songeais aux temples de Didyme [51] et de Balbek, je me rappelais avec quel frémissement secret j'avais aperçu de loin leurs colonnes majestueuses, *qui laissent passer le jour* [52], donnant ainsi et empruntant un charme inexprimable à cet azur des cieux qu'elles divisent, et qu'on entrevoit plus limpide et plus pur à travers les fûts dorés! Enfin, les colonnes de Selinunte m'apparurent aussi; une seule du moins, la dernière qui n'ait pas encore chancelé sur sa base; mais qu'elle était belle, qu'elle s'élevait noble et triste à l'horizon de ce désert, et du sein des flots bleus d'une mer en ce moment douce, apaisée, pensive! Je fus saisi; je sentis mon cœur battre plus fort, et si mon guide eût pu me comprendre, je l'aurais regardé à mon tour d'un œil troublé;

j'aurais murmuré tout bas, comme ce soldat dans la plus sublime tragédie de Shakespeare : « *Taisons-nous! voici le fantôme!* [53] »

D'où naît donc cette émotion que nous causent les ruines ? Quelle voix si lugubre ou si formidable est donc sortie de ces blocs couchés dans la poussière, que nous en approchons en tremblant, et qu'à leur aspect notre âme gémit et soupire? Que manque-t-il ici, et qu'y cherchent mes yeux? est-ce l'ordre confondu, la symétrie perdue, la forme détruite et bouleversée? ou bien ne serait-ce pas plutôt que l'idée des générations absentes nous oppresse comme un immense regret? Ils sont partis, les hommes qui ont bâti ces édifices ! où sont-ils donc allés? Derrière les péristyles écroulés, n'a-t-on pas entendu le bruit confus de leurs pas et de leurs paroles?.... mais non, tout est muet, solitaire; et nous-mêmes, immobiles au milieu de ce chaos de débris qui dorment à nos pieds, il semble que l'existence nous échappe! Nous disons : Qu'est-ce que le temps, le mouvement, la vie? Où est la conscience de nous-mêmes, où est notre pensée, où sommes-nous?.... Nous ne sommes plus! et c'est avec étonnement, c'est comme sortant une seconde fois du néant, ou d'un songe, que nous ressaisissons nos facultés magiquement fascinées, et presque anéanties pendant une minute imperceptible!

Avant de quitter Sélinunte, comme je m'élançais sur un chapiteau d'une seule pièce pour m'assurer par moi-même qu'il avait bien à sa surface plus de douze pieds de large, un serpent noir sortit effrayé de dessous la pierre : j'avais troublé dans sa retraite le seul habitant de ces lieux!

A peu de distance de là, dans la plaine de Campo-Bello, est un banc de pierre calcaire appelé Rocca di Cusa, d'où jadis on a extrait tous les matériaux de ces temples. Je ne jugeai pas à propos de m'y rendre pour quelques tambours de colonnes inachevées, pour des carrières vulgaires; j'étais descendu dans celles de Paros [54], inépuisable officine de la statuaire antique; j'avais rampé patiemment, en mémoire de Praxitèle, dans les labyrinthes encombrés du Kapresso, l'ancien mont Marpesse (*Marpessia Cautes*); à la lueur des flambeaux, ainsi que les ouvriers grecs autrefois, j'avais vu le lychnitès aux reflets nacrés briller de mille diamants et de mille étincelles. A Syène, j'avais vu, retenu encore par un lien de granit aux flancs de sa montagne maternelle, un obélisque tout entier; et aussi le vide énorme laissé là par la statue de Rhamsès-le-Grand (*Osymándias*), « le plus haut et le plus magnifique colosse que les Égyptiens aient jamais élevé [55]. »

Mais qu'était devenu mon guide ? Accoutumé à son métier, et estimant que je mettrais autant d'heures que mes prédécesseurs à me passer une fantaisie, bien folle à ses yeux sans doute, il n'avait eu rien de plus pressé que d'aviser une cassure assez volumineuse pour donner un peu d'ombre; et, sans tant se creuser la tête, sans penser à autre chose, sinon qu'il faisait chaud et qu'il était midi, il s'était sagement assoupi. Je l'éveillai, et sans accident, sans rencontre fâcheuse, nous quittâmes ces lieux; j'appris le soir qu'ils étaient infestés par une bande de brigands sortis de je ne sais quel bagne, réunis sans doute à d'autres qu'on n'avait pu y faire entrer; des carabiniers à cheval, qui venaient de faire une battue, me certifièrent la chose. Je pensai aussitôt à mon pauvre idiot; combien dans son geste il y avait eu d'intelligence; et je m'applaudis de pouvoir souper sain et sauf avec ceux qui le matin, à mon insu, avaient protégé ma bourse et ma vie.

De Salemi (l'ancienne *Halycia* [56]), perchée comme la plupart des petites villes de la Sicile sur une crête presque inabordable, je descendis à la vallée, dont un embranchement sur la gauche conduit à l'emplacement de Ségeste; c'était une des colonies qu'Énée sema sur sa route, avant d'aller sur les bords du Tibre jeter les fondements de Lavinium, qu'Albe et Rome devaient remplacer plus tard. Je m'étais désaltéré dans la Troade au vrai Scamandre, aux belles eaux du vrai Simoïs, et je venais de côtoyer une rivière (le *San-Bartholomeo*) qui avait aussi porté ces noms homériques; ici, comme en Epire[57], il y avait eu une Pergame à l'image de la première, une nouvelle Troie, un simulacre enfin de la patrie; ingénieuse consolation de l'exil! J'errai quelque temps sans rien trouver, sans rien découvrir, tant ce site aujourd'hui est abandonné et sauvage! Certain pourtant d'être sur le sol de la ville même, je marchais avec une terreur religieuse, comme au milieu de sépulcres invisibles. Au moment où je tournais un coude, le fronton d'un temple brilla soudain comme un éclair, et m'éblouit de sa teinte jaune et ardente. Voilà donc, avec un théâtre sur le sommet de cette éminence ardue et rocailleuse, tout ce qui est resté de la ville des Ségestains! voilà les seuls vestiges de leur séjour! Poursuivis cette fois par une divinité plus implacable que Junon, chassés irrévocablement de leur dernier asile, voilà, dans le désordre de leur fuite, tout ce qu'ils ont oublié. Le théâtre est conservé presque en entier; le temple est vide, sans toit, sans murailles, à jour de tous côtés. Sans doute, comme Enée, les Ségestains en ont emporté sur leurs épaules les statues et les autels; ils n'ont laissé là qu'une enceinte nue et dépouillée, exposée à toutes les intempéries de l'air, et aux rayons d'un soleil qui torréfie incessamment, mais qui n'a pu encore consumer ni dissoudre le squelette diaphane de l'habitacle des dieux!

IV.

De retour à Palerme, après avoir traversé, depuis Alcamo, de fertiles campagnes ou plutôt un
admirable jardin, je n'eus que le temps de monter précipitamment sur un bâtiment à vapeur qui
partait pour Naples à l'instant même. C'était mal
quitter la Sicile et lui dire un brusque adieu;
mais je devais souvent y revenir en idée. Cette fois
je fermai les yeux au phénomène, d'ordinaire si
attrayant pour moi, des rivages qui se dérobent
ou s'atténuent. Après tant de courtes nuits, après

tant de longues et chaudes journées, mon heure aussi de dormir était venue, comme au muletier de Partanna. Porté, plus mollement que Mazeppa, sur le dos d'un coursier docile qui fendait sous moi l'air et les ondes, je voulais mettre entre le spectacle de la veille et celui du lendemain les rêves du sommeil, comme un rideau fantastique, pour n'ouvrir les yeux qu'en face de Naples et du Vésuve, entre Baia et Sorrente, l'imagination reposée et retrempée dans un engourdissement de quelques heures; illusions de l'homme et du voyageur qui compte toujours sans les éléments, sans la destinée! Le lendemain il pleuvait; le vent était fort, le temps obscur. Point de vue. Je m'informai si l'on approchait de Naples; un matelot me répondit qu'on était près de Caprée. J'avais demandé la douce Parthenope du poète (*dulcis Parthenope*), et l'on me jetait un nom obscène. Quelques jours après, le ciel se découvrit, et la baie de Naples me fut révélée.

Mais chaque fois que mes regards se promenaient sur ces eaux, tantôt azurées, tantôt blanchissant sous les feux du soleil comme un bouclier d'argent, comme un miroir antique, chaque fois ils rencontraient Caprée, cette île qui semble y faire tache, comme le règne et le nom de Tibère dans l'histoire et dans l'humanité, cette île où il croyait avoir moins à rougir de ses voluptés et de ses crimes[58]. Alors, passant en revue les soixante-dix-huit années de cette vie qui ne fut que trop pleine et trop longue, songeant à la profonde dégradation de cette âme qui pourtant n'avait pu naître ainsi toute aigrie, toute corrompue, je me demandais pár quelle pente insensible, ou par quelle déplorable chute elle était tombée dans l'abîme, et si en remontant le fleuve de sang et de boue jusqu'à ses sources les plus reculées, les plus inaltérées, on ne trouverait pas enfin quelque chose d'humain dans Tibère ! Je voyais son père et sa mère[59], poursuivis à l'époque de la guerre de Pérouse par une armée victorieuse, l'emporter dans leurs bras à travers mille dangers, plutôt que de l'abandonner ; deux fois, parce qu'on l'a éloigné du sein de sa mère, de la mamelle de sa nourrice, l'enfant par ses cris pense causer la perte de la famille proscrite, au moment où dans l'ombre et le silence elle se glissait vers un vaisseau. A l'âge de neuf ans, il paie un pieux tribut à la mémoire de son père et prononce son panégyrique dans la Tribune aux harangues[60]. Quand son frère meurt en Germanie, il conduit le corps jusqu'à Rome, et fait cette longue route à pied, marchant devant la litière funèbre [61]. Quand Auguste triomphe après la bataille d'Actium[62], le fils d'Octavie est à cheval à la droite du char, et Tibère à la gauche. Quel rapprochement, Tibère et Marcellus!... Mais si l'un est déjà le demi-dieu de Virgile, le jeune homme au front pâle et attristé qu'attendent les Champs-Élysées, l'autre n'a point encore mérité les stigmates de Tacite. Dans ces expéditions lointaines, qui illustrèrent sa jeunesse, et dans lesquelles il se montra digne par ses vertus militaires des premiers siècles de la république, Auguste lui écrit les lettres les plus tendres [63] : « Ménagez-vous, lui « dit-il, pour moi, pour votre mère qui ne vivons « plus, si nous venons à savoir que vous souffrez ; « pour le peuple romain, dont la gloire et la puis- « sance sont désormais attachées à vos jours... Je

« prie les dieux qu'ils nous gardent notre Tibère
« et qu'ils veillent sur lui aujourd'hui et toujours,
« s'ils ne sont pas irrités contre le peuple romain. »

Ainsi pensait de Tibère, ainsi dans l'intimité lui écrivait Auguste, et ce fut Auguste néanmoins qui affligea et perdit une existence jusqu'alors heureuse et glorieuse.

Tibère avait épousé Vipsania, la fille d'Agrippa, la petite-fille de Pomponius Atticus [64]. Sans doute elle avait hérité de son aïeul cette suavité dans le regard et dans la parole qu'on remarquait chez lui dès son enfance, et cette grâce qui, adolescent à peine, lui gagnait tous les cœurs [65]; sans doute elle rappelait, en les embellissant encore, les qualités de cet homme non-seulement si élégant, mais encore si généreux, si délicat, si respecté de tous; neutre au milieu des dissensions civiles, pour en mieux secourir les victimes. Cette femme qui lui est chère, qui lui a donné un fils, qui est encore une fois enceinte, Tibère, pour obéir à une volonté tyrannique, la répudiera; il épousera Julie, la fille décriée de l'empereur; et cette Julie, dont les mœurs le révoltent, le méprisera lui-même comme indigne d'une si haute alliance. Auguste avait pris autrefois à un premier mari Livie, également mère et enceinte; mais il l'avait reçue des mains de ce mari lui-même; mais un des deux époux au moins avait consenti à l'échange [66]; cette fois, Auguste ne séparait pas seulement, il déchirait! Quelque temps après cet événement, plus décisif peut-être qu'on ne l'a pensé, Tibère aperçut Vipsania [67], et attachant sur elle des yeux tout gonflés, qui la suivaient partout avec une contention passionnée, il se trahit : on eut soin que désormais il ne rencontrât plus l'objet de ses désirs, de ses regrets impolitiques. Mais la mesure était comblée; Tibère s'éloigna de lui-même [68]. Morne, farouche, et comme méditant une vengeance, laissant Rome où il ne se souciait plus de rien, laissant là Julie qu'il lui était également défendu d'accuser ou de renvoyer, et qu'il lui était impossible de supporter davantage, insensible aux prières d'une mère, aux plaintes qu'Auguste lui adressait dans le sénat, sourd même à la voix de ses amis, il alla 's'embarquer à Ostie, sans répondre une seule parole à leurs adieux. La vengeance fut terrible, raffinée, ironique, opiniâtre ! Du premier bond, en luxure comme en cruauté, Tibère atteignit les dernières limites, et, parmi ses successeurs, dont l'Histoire Auguste a catalogué les excès avec autant d'exactitude que Suétone l'avait fait pour lui, s'il s'en est rencontré de plus fous, aucun ne fut plus impur ni plus sanguinaire. On s'était fait un jeu de ses affections légitimes ; il s'en prit aux Romains, il s'en prit à lui-même ; quelques larmes ne pouvaient lui suffire, non plus que la philosophie grecque, non plus que les entretiens des Grammairiens et des Rhéteurs [69] sous les ombrages de Rhodes ; pour consoler, pour distraire un Tibère, il fallait des meurtres sans nombre, et à son bon plaisir ; il fallait des infamies jusque-là sans nom comme sans exemple ; sorte de gymnastique violente à laquelle il demandait du repos pour son âme, du sommeil pour ses nuits, et qui ne lui donna qu'insomnie, dégoûts et remords [70] ! L'imprudent Asinius Gallus qui avait osé recevoir dans son lit Vipsania, la veuve de Tibère, du vivant de Tibère, fut obligé plus tard de se laisser mourir de faim [71]. Mais, j'incline à le penser, avant ce divorce fatal, le hideux solitaire de Caprée n'existait pas encore; peut-être, sans ce divorce, n'aurait-il jamais existé. Une plainte donc, une plainte seulement pour cet homme! Assez de haine, un peu de pitié pour lui! Il aimait, on le força de haïr. Détournée de son cours, que pouvait devenir, en ces temps-là, une sève aussi puissante? Elle s'égara; elle enfanta des monstruosités inouïes. Il naissait à peine alors, celui qui venait offrir à l'humanité la mansuétude et la continence, chasser le Mauvais Esprit, répandre son baptême sur des fronts fiévreux et souillés, et sauver cette société, en la régénérant, d'une dissolution imminente. Renaissance merveilleuse, transformation intime du vieux monde!

L'année précédente, j'avais visité le berceau, le point de départ de l'œuvre évangélique, et suivi la trace de ses premiers pas, en Palestine, en Galilée; assis à Nazareth, auprès de la fontaine de Marie, entre ces collines toujours humbles et ignorées que le Thabor dépasse, j'avais cru respirer encore dans sa pureté originelle cette brise fraîche et salutaire, qui avait soufflé autrefois du pays de Judée, pour assainir un air chargé de miasmes délétères. J'avais vu les flots du Jourdain s'ouvrir victorieusement un passage à travers la masse inerte et empoisonnée de la mer Morte; symbole du christianisme, venant verser comme une eau vive dans l'Océan stagnant, putréfié, des croyances et des mœurs païennes.

En visitant l'Italie, je venais chercher les mêmes souvenirs, contempler les scènes de ce même drame, les mille aspects de ce mystère, tels que les a retracés le génie inspiré par la foi; je venais rendre hommage à ces types chastes, à ces figures immaculées, introduites dans l'Art par le christianisme; à ces images vraiment divines et humaines comme ce qu'elles représentent, et dont l'Italie est le sanctuaire; et en même temps, à ce ciel que toute la terre lui envie, à ce pompeux vêtement de verdure qu'elle porte avec tant de majesté, toge éternelle qui n'a point glissé de ses épaules, et encore? et encore à des ruines..... Puis, après un long désir, que le doux balancement des vagues sur les mers étrangères n'avait pas toujours assoupi, je saluais la France.

Là, je retrouvais donc enfin quelque chose qui fût debout, libre et animé ; plus de ces champs stériles, d'où les chardons ont chassé les moissons dorées, comme en Thrace et en Lydie ; plus de ces plaines inhabitées d'où la cigogne s'élève pesamment à l'approche du voyageur, et lui sert de guide vers les débris où elle a tressé son nid entre les pierres désunies ; plus de ce silence qui vous glace le cœur, comme à Bologne et à Venise, sous les arcades désolées de leurs portiques. Là, partout le bruit et le mouvement ; partout la culture et l'industrie. A cet immense foyer de lumière et de vie, j'essayais de me réchauffer moi-même, et de rallumer le flambeau intérieur qui, tant de fois, avait été près de s'éteindre en traversant les régions sépulcrales du passé ; j'essayais de calmer peu à peu cette espèce de vertige que ressentent toutes nos facultés, à l'issue d'un voyage où l'on a foulé le sol mouvant des religions et des empires. Ainsi chancellent longtemps encore nos pas mal assurés quand d'un vaisseau nous descendons à terre.....

J'avais terminé ma modeste Odyssée; comme le héros d'Homère, j'avais vu les cités et observé les mœurs de beaucoup de nations; comme lui je pouvais m'écrier :

« Me voici revenu, après vingt ans, dans la terre « qui est ma patrie[72] ! »

Seulement il me fallait changer un mot à cet admirable passage du poème antique; j'avais à peine compté autant de mois loin du sol natal, qu'Ulysse avait compté d'années.

NOTES.

NOTES.

(1) Après de tels Commentaires...

« Omnium judicio adeò probantur (Cæsaris Commentarii), ut *prærepta*, non *præbita* scriptoribus facultas videatur... » (De bello Gallico, l. VIII. in præf.) C'est Hirtius qui parle.

« Sanos quidem homines a scribendo (Cæsar) deterruit... »

(Cicéron, dans le Dialogue sur les orateurs illustres, liv. LXXV.)

(2) Après avoir passé le petit mont Pœcile...

Pline et Strabon ne le nomment pas; Pausanias en fait mention dans l'Attique, liv. XXXVII, vers la fin.

(3) De choses grecques, c'est-à-dire grandes ou gracieuses...

Pour ce qui est de ces dernières, sans parler des débris de sculpture qui seront à jamais le désespoir de l'art, et que l'on recueille aujourd'hui dans le temple de Thésée et dans celui de Minerve, devenus ainsi le musée de leurs propres restes et des restes d'Athènes, je fais allusion surtout ici à la tour octogone d'Andronicus Cyrrhestès (*Horologium quod fecit Cyrrhestes*, Varro *de re rusticâ*, lib. III, 5), et surtout à ce qu'on appelle *la lanterne de Diogène* ou de *Démosthène*, dans la rue qui porte encore, ainsi qu'autrefois, le nom de *rue des Trépieds*. Ce petit édifice, d'ordre corinthien, est un chef-d'œuvre de délicatesse et d'élégance, élevé, ainsi que l'annonce l'inscription de la frise, pour conserver le souvenir d'une victoire remportée par les enfants de la tribu Acamantide :

ΛΥΣΙΚΡΑΤΗΣ ΛΥΣΙΘΕΙΔΟΥ ΚΙΚΥΝΕΥΣ ΕΧΟΡΗΓΕΙ
ΑΚΑΜΑΝΤΙΣ ΠΑΙΔΩΝ ΕΝΙΚΑ ΘΕΩΝ ΗΥΛΕΙ
ΛΥΣΙΑΔΗΣ ΑΘΗΝΑΙΟΣ ΕΔΙΔΑΣΚΕΝ ΕΥΑΙΝΕΤΟΣ ΗΡΧΕΝ

« Lysicratès, fils de Lysithides, du bourg de Cicinna, était Chorège (faisait les frais de la représentation).
« Les enfants de la tribu Acamantide remportaient la victoire.
« Théon dirigeait les chants au son de la flûte.
« Lysiadès, Athénien, avait composé la pièce (ou dressé les acteurs).
« Evœnète était Archonte. » (336 ans avant J.-C.) Cette date est celle aussi de l'avénement au trône d'Alexandre et de Darius Codoman.

Le bourg de Cicinna, nommé dans la première ligne, appartenait à cette même tribu Acamantide, qui avait remporté la victoire. Il en est question dans Aristophane ; c'est la patrie du Strépsiade des Nuées.

Pausanias nous a transmis, au sujet de ces combats, des enfants, des dates et des particularités intéressantes :

« Les enfants furent admis à concourir pour les prix de la

« lutte et de la course, dans la 37e Olympiade (630 ans
« avant J.-C.); pour celui du pugilat, dans la 41e (616 ans
« avant J.-C.), pour celui du pancrace, c'est-à-dire de la lutte
« et du pugilat réunis, dans la 145e (200 ans avant J.-C.) »
(Élide, ch. viii, vers la fin).

Ibid., ch. ix. « Dans la 38e Olympiade (626 ans av. J.-C.),
« les Éléens instituèrent pour les enfants un prix de penta-
« thle, mais ensuite ils le supprimèrent. »

Pour avoir droit au prix du pentathle, il fallait être vainqueur
successivement, le même jour, peut-être dans la même mati-
née, à cinq jeux différents : la lutte, la course, le saut, le
pugilat, le jeu du disque ou du javelot. On conçoit qu'après
un premier essai, les Éléens aient jugé imprudent et inhu-
main même, de soumettre des enfants à tant et de si rudes
épreuves.

(4) L'œuvre mutilée d'Ictinus et de Phidias...

On sait suffisamment quelle part de gloire réclame Phidias, en ce qui concerne non-seulement le Parthénon, mais
tous les travaux commandés par Périclès ; quant à Ictinus,
Strabon le nomme comme ayant donné le plan du Parthénon (ix, 2), et Plutarque, dans la vie de Périclès, s'exprime
ainsi :

« Le temple de Pallas, qui s'appelle Parthénon, comme qui
« dirait le *temple de la Vierge*, fut édifié par Ictinus et Calli-
« crate... » (Trad. d'Amyot.)

(5) Le jour du retour...

Νόστιμον ἦμαρ... (Odyssée, I, 9-168, V. 220, etc.)

(6) Chimère des temps modernes, fille des hommes et non pas
des dieux :

Χίμαιραν ἀμαιμακέτην. . . . . . .

. . . . . . Ἡ δ' ἄρ' ἔην θεῖον γένος, οὐδ' ἀνθρώπων. . . . . .

« La Chimère invincible... Elle était de la race des dieux et
« non de la race des mortels... » Iliade, chant VI, 180.)

(7) Zante couronnée de forêts...

« Jàm medio apparet fluctu nemorosa Zacynthos. »

(Virgile, Énéide, III, 270.)

Odyssée, I, 246 ; IX, 24 ; XVI, 250 ; XIX, 131.—Iliade, II,
634, dans le dénombrement.

(8) Plus rien que votre enveloppe de fer...

Pour être juste, je dois cependant mentionner aussi une
longue et intéressante galerie de portraits, parmi les-
quels on remarque celui du grand-maître De Vignancourt ;
la bibliothèque de la ville, fondée en 1760 par un frère de
madame de Tencin, le bailli de Tencin ; et dans l'intérieur de
l'île, la *cité vieille;* un palais abandonné du cardinal inquisi-
teur Durini ; un autre, au lieu appelé le Bosquet, jadis habita-
tion du cardinal Lombes de Verdales, maintenant consacré
à l'exploitation des vers à soie; et le jardin appelé *Saint-
Antoine*, qui appartenait à l'avant-dernier grand-maître, de
Rohan.

(9) Gozo (l'ancienne *Gaulos*), petite île voisine de Malte...
(Pline, Hist. nat., l. III.)

Silius Italicus a parlé de l'une et de l'autre dans un même
passage :

« . . . . Telàque superba

« Lanigerâ Melite. . . .

« . . . . Strato Gaulum spectabile ponto. »

(Punic., l. XIV, 272-274.)

Quant à ce qui est de la première île, il y est plus question aujourd'hui de cotonnades anglaises que d'étoffes de laine ; pour la seconde, j'ai pu reconnaître, pendant un calme de deux mortelles journées, toute la justesse de la description de Silius, et m'assurer à loisir que

« Gaulos est belle à voir au sein des flots unis de la mer. »

(10) Specimen de l'architecture des Phéniciens...

Diodore nous apprend que les Phéniciens y avaient envoyé une colonie :

Γαῦλος πελαγία καὶ λιμέσιν εὐκαίρως κεκοσμένη, Φοινίκων ἄποικος...
(V, 12.)

Dans cette même île de Gozo, au bourg de Rabbato, j'ai visité aussi la citadelle, que les traditions locales font remonter jusqu'aux Carthaginois ; et une collection d'antiquités qui ne manque pas de valeur, chez un chanoine auquel l'étranger est adressé tout d'abord. Malheureusement, c'était un dimanche, et, pour respecter toutes les convenances, je ne pus me présenter chez lui qu'à trois heures moins un quart, entre la sieste et les vêpres. Le chanoine reçoit d'ailleurs avec la plus aimable politesse. Presque toutes les pièces de son cabinet, composé principalement de médailles grecques et puniques, et d'urnes cinéraires en verre fin, proviennent de fouilles qu'il fait faire dans un terrain attenant à sa maison. Quelques-unes de ses médailles sont d'un module très fort (au moins deux pouces); mais je regrette de les avoir vues trop rapidement pour me hasarder à en dire autre chose. Il est du devoir des voyageurs qui iront à Gozo pendant la semaine, de donner cette description.

(11) Les opinions les plus récentes et les plus éclairées...

Cours d'antiquités de M. Raoul-Rochette, à la Bibliothèque

Royale, leçon du mardi 20 juin 1837. Le savant professeur s'est appuyé surtout sur les plans et dessins de M. le Chevalier de la Marmora, qui, le premier, a fait connaître exactement et complétement ce monument bizarre.

(12) La fameuse Ogygia de l'Odyssée...

Νῆσον ἐς Ὠγυγίην...
> (Odyssée, l. I, 85; *ibid.*, l. VI, 170; *ibid.*, VII, 214, 254.)

(13) Leur grotte... véuve de la nymphe immortelle...

... μέγα σπέος ἵκετο, ὧ ἔνι νύμφη
Ναῖεν ἐϋπλόκαμος...
> (Odyssée, l. V, 57.)

« Il arriva auprès de la grotte immense, où habitait la nymphe à la belle chevelure. »

(14) Où sont ces aulnes, ces peupliers, ces cyprès odorants, ces sapins qui élevaient leurs têtes jusqu'aux cieux, où sont ces forêts...

Ὕλη δὲ σπέος ἀμφιπεφύκει τηλεθόωσα
Κλήθρη τ', αἴγειρος τε, καὶ εὐώδης κυπάρισσος
.... ἐλάτη τ' ἦν οὐρανομήκης.
> (Odyssée, l. V, 63, 64-239.)

D'ailleurs Homère ne nomme jamais cette île sans lui donner l'épithète δενδρήεσσα, « couverte de forêts. »

(15) Si on place avec Pline l'île de Calypso à dix milles du cap des Colonnes...

« Promontorium Lacinium, cujus ante oram insula X. M. à terrâ Dioscoron, hoc est Cæsaris et Pollucis... Altera Calyp-

sus, quam Ogygiam appellasse Homerus existimatur… præ-
tereà Tiris, Eranusa, Meloessa… »

Toutes ces îles sont aujourd'hui submergées. Des écueils
en marquent la place.

(16) « Nombril de la mer… »

>   ὅθι τ' ὀμφαλός ἐςι θαλάσσης.
>   (Odyssée, I, 50.)

(17) C'est Ulysse…

Toutes les circonstances énumérées ici ne sont que la
traduction littérale de divers passages du poème d'Homère,
réunis en faisceau, et qu'on peut retrouver aux vers 58 et 59
du premier chant de l'Odyssée; 82, 83, 84, 156, 157, 158,
219 à 224 du cinquième; 259 et 260 du septième.

(18) Un cœur à l'épreuve de l'adversité…

> Εἰ δ' αὖ τις ῥαίῃσι θεῶν ἐνὶ οἴνοπι πόντῳ,
> Τλήσομαι, ἐν ςήθεσσιν ἔχων ταλαπενθέα θυμόν.
> Ἤδη γὰρ μάλα πόλλ' ἔπαθον καὶ πόλλ' ἐμόγησα
> Κύμασι καὶ πολέμῳ· μετὰ καὶ τόδε τοῖσι γενέσθω.
>   (Odyss., V. 221-224.)

(19) Ce vers de la prédiction d'Hélénus…
>   (Enéide, III, 384.)

(20) Dont la bouche et le menton avaient fini par s'user…

« Usque eò ut rictum ejus ac mentum paulo sit attritius,
« quòd in precibus et gratulationibus non sólùm id ve-
« nerari, verùm etiam osculari solent. In Verrem, de si-
« gnis, XLIII. »

(21) Comme aujourd'hui l'orteil de saint Pierre à Rome...

Je trouve aussi ce rapprochement indiqué dans l'ouvrage si justement estimé de M. Valery sur l'Italie, liv. XIV, tome IV, p. 6.

(22) Gardien de l'emplacement de Memphis anéantie...

Je transcrirai ici un passage des lettres de Champollion sur la Nubie (1828-1829), page 66.

« Un immense bois de dattiers couvre l'emplacement de
« Memphis... Passé le village de Bédréchéin, qui est à un
« quart d'heure dans les terres, on s'aperçoit qu'on foule le
« sol antique d'une grande cité, aux blocs de granit disper-
« sés dans la plaine et à ceux qui déchirent le terrain et se
« font encore jour à travers les sables, qui ne tarderont pas
« à les recouvrir pour jamais. Entre ce village et celui de
« Mit-Rahineh, s'élèvent deux longues collines parallèles,
« qui m'ont paru être les éboulements d'une enceinte im-
« mense, renfermant jadis les principaux édifices sacrés de
« Memphis... C'est dans l'intérieur de cette enceinte que
« nous avons vu le colosse exhumé par M. Caviglia ; il est
« tombé la face contre terre ; ce qui a conservé le visage
« parfaitement intact ; sa physionomie suffit pour me le faire
« reconnaître comme une statue de Sésostris ; car c'est en
« grand le portrait le plus fidèle du beau Sésostris de Turin...
« Il n'est plus douteux qu'il existe à Turin et à Memphis
« deux portraits du plus grand des Pharaons. »

(23) Comme l'a dit Virgile...

(Énéide, l. III, 703, 704.)

(24) Dans les jeux olympiques...

Θήρωνα δὲ τετραορίας

Ἕνεκα νικαφόρου

Γεγωνητέον ὀπὶ...

(II. Olympique, 8 à 10.)

... ἀκαμαντοπόδων

Ἵππων ἄωτον...

... Χαιταίσι μὲν

Ζευχθένθες ἔπι στέφανοι...

(IIIe Olympique, 5, 10, 11.)

(25) Le fleuve Himère...

« Himera, qui fermè totam insulam dividit. » (Tite-Live,
l. XXIV, 6.)

(26) De ce lac Pergus...

« ... Altæ,
« Nomine Pergus, aquæ ; non illo plura Caystros
« Carmina cycnorum labentibus audit in undis. »

(Ovid., Métamorph., V.)

(27) Les violettes et les lys blancs...

« ... Dùm Proserpina luco
« Ludit, et aut violas aut candida lilia càrpit,
« Dùmque puellari studio calathosque sinumque
« Implet, et æquales certat superare legendo,
« Penè simul visa est, dilectaque, raptaque Diti... »

Saint-Ange est resté bien loin de l'élégance, de la brièveté
et surtout de l'énergie passionnée d'Ovide au dernier vers :

« Tandis qu'en se jouant dans ces riants bosquets,
« L'aimable Proserpine assemble des bouquets,

« Et moissonne, à l'envi des nymphes de son âge,
« La violette née à l'ombre du bocage;
« Pluton la voit ; *pressé d'un amoureux tourment,*
« La voir et l'enlever n'est pour lui qu'un moment. »

(28) Sur le dos des coursiers infernaux...

(Ovid., Métam., V.)

(29) Les Verrines disent...

« Enna autem est loco præcelso atque edito; quo in summo
« est æquata agri planities, et aquæ perennes. Tota vero ab
« omni aditu circumcisa atque diremta est : quam circà lacus
« lucique sunt plurimi, et lætissimi flores omni tempore anni ;
« locus ut ipse raptum illum virginis, quem jàm à pueris
« accepimus, declarare videatur... » (In Verr. de Signis,
XLVIII.)

(30) Leon-Forti...

« Carolus Vintimillius ad *Leon-Forti* Tabam stetisse affir-
« mat. » (Fazelli de rebus Siculis primæ decadis l. I, aux
notes et vers la fin.)

Ce serait alors des habitants de cette ville que Silius aurait parlé, quand il dit :

« Et bellare Tabas dociles. »

(Punic., l. XIV.)

(31) Patrie de l'historien Diodore...

... ἡμεῖς γὰρ ἐξ Ἀγυρίου τὸ γένος τῆς Σικελίας ὄντες.

(Liv. I, 4.)

La *Bibliothèque Historique,* ou histoire universelle, au
dire de Diodore lui-même, comprenait un intervalle de 1038

années, à partir de la guerre de Troie. Quant aux faits antérieurs à cette époque, il les avait exposés dans les six premiers livres, mais ils ne lui semblaient pas susceptibles d'être classés chronologiquement avec une précision rigoureuse. (*Ibid.*, I, 5.)

(32) Près de la paroisse de Sainte-Marguerite...
>   (Houel, Voyage à Malte, en Sicile, et aux îles de Lipari,
>   tom. III, page 36, édit. de 1785, impr. de Monsieur.)

(33) Nicolosi (*Ætnæ*)...

Ce n'est pas précisément à Nicolosi que Cluvier croit devoir placer l'ancienne ville d'Etna, mais vers le couvent de Bénédictins de San Nicolo d'Arena qui n'est qu'à peu de distance (fondé en 1156 par Simon, comte de Policastro).

>   « Ex intervallo XII milium, ac situ quem Strabo tribuit
>   « Ætnæ, unà cum itinerariis, fuisse eam eodem loco dispi-
>   « citur, ubi nunc cœnobium est Divi Nicolaï ab Arenis. »
>   (Cluv. Sic. ant., p. 122.)

(34) Paterno (*Hybla Major*)...

>   « Hyblam itaque majorem ego eodem situ fuisse judico
>   « ubi nunc celebre conspicitur oppidum, vulgari vocabulo
>   « *Paterno*. Hæc omnino deserta à Pausaniâ dicitur. »(Cluv.
> Sicil. ant. II, 8.)

(35) Couvées de chaumières...
>   Mot de Wordsworth.

(36) Un oracle de la muse latine...

>   (Claud. de raptu Proserp., I.)

(37) La Maison du diable...

        (C'est le nom populaire du Volcan.)

(38) L'épithète de Boschiva...

    Ἀ πολυδένδρεος Αἴτνα. . . . .

      (Théocrite, dans le Cyclope, idylle XI, vers 47.)

(39) Le poëme du Dante...

      (L'Enfer, chant V.)

(40) Ce qu'on appelle la Tour d'Empédocle...

« L'aridité de la plaine qui conduit au pied du cône con-
« traste singulièrement avec le nom qu'elle porte. On l'ap-
« pelle *Piana di Frumento* (la plaine du blé), et néanmoins,
« des cendres, la neige et un vent impétueux et glacial y
« détruisent jusqu'au germe de la moindre végétation ; la
« nature y présente l'image de la mort, et jamais la charrue
« ni la bêche n'ont pénétré ce sol désolé. On présume, avec
« plus de vraisemblance, que ce plateau a été l'emplacement
« d'un cratère plus ancien... C'est à l'entrée de la plaine que
« se trouvent les ruines, ou, pour mieux dire, les premières
« assises d'une ancienne construction, désignée, par une
« tradition populaire, comme la Tour où Empédocle venait
« faire ses observations avant de se précipiter dans le volcan.
« On la nomme en conséquence *la Tour du Philosophe*. Des
« antiquaires ont voulu y voir un lieu de repos, bâti pour
« l'empereur Adrien, à l'époque où ce prince entreprit de
« monter sur l'Etna pour en admirer les merveilles, et sur-
« tout pour y contempler le lever du soleil... Suivant d'au-
« tres écrivains, il faudrait reconnaître dans les ruines dont
« nous parlons, les restes de ce temple de Vulcain, si révéré
« des Siciliens, et où des prêtres entretenaient un feu per-
« pétuel et sacré, image du foyer terrible et éternel qui

« brûlait dans le sein de l'Etna. Des chiens, nourris dans le
« temple en défendaient l'entrée aux pervers et aux homici-
« des. Toutes ces conjectures ne s'appuient du reste sur au-
« cune base solide, et les débris qui leur ont donné lieu
« méritent à peine quelque attention. »

(Voyage pittoresque en Sicile, d'Ostervald, tome II.)

Voici le passage de la vie d'Adrien auquel Ostervald semble faire allusion :

« Post in Siciliam navigavit, in quâ Ætnam montem con-
« scendit, ut solis ortum videret, arcûs specie, ut dicitur,
« varium. »

(Ælii Spartiani Adrian. Imp. XIII.)

(41) **La poétique image de Virgile...**

(Eglogue, VIII, vers 4.)

(42) **Deux descriptions achevées...**

(Géorg., I, vers 471. — Énéide, l. III, vers 571 et suiv.)

(43) **Sur le voisinage du feu et de la neige...**

« Scit nivibus servare fidem...

. . . . Favillis
« Durescit glacies...
« Lambit contiguas innoxia flamma pruinas... »

(Claudien, de Raptu Pros., I, de 151 à 168.)

(44) **Lucrèce...**

« De naturâ rerum... »

(I., 724-727.)

Thucydide, quand il fait mention de l'éruption qui eut lieu
au printemps de la huitième année de la guerre, se sert des
expressions ῥύαξ τοῦ πυρὸς, et ῥεῦμα, ruisseau, écoulement de
feu. (Liv. III, 116.)

(45) Malgré l'autorité de Virgile...

(Énéide, III, 569.)

(46) Sur la côte d'Afrique...

On a désigné l'île de Zerbi (la *Meninx* de Polybe, I, et de Strabon, XVII), près de la petite Syrte. Pourtant Homère dit le continent : ἐπ' ἠπείρου... (Odyss., IX, 85.)

(47) Toutes les recommandations prudentes...

(Odyss., XII, du vers 34 au vers 141.)

(48) De là comme Enée...

« Hinc Drepani me portus et illætabilis ora
« Accipit. »

(Énéide, III, 707.)

(49) Véritable paradis en jachère...

« Rebus opima bonis, » a dit Lucrèce, en parlant de la Sicile. (I, 730.)

(50) Le vieil augure Halithersès...

(Odyss., II, vers 181.)

(51) Didyme...

Didyme, aujourd'hui petit village appelé *Jéronda* au sud de Milet, était autrefois un lieu consacré à Jupiter et surtout à Apollon Didyméen. Les ruines qu'on y voit encore, et qui sont des plus belles de l'Asie-Mineure, quoiqu'il n'y ait plus que trois colonnes debout, dont deux portant un fragment de l'architrave, appartiennent sans doute au second temple d'Apollon, construit par les Milésiens, après que Xerxès eut incendié le premier. (Strabon, XIV.)

(52) Qui laissent passer le jour...

> Tes deux mains sont deux corbeilles
> Qui laissent passer le jour ;
> Tes doigts de roses vermeilles
> En couronnent le contour.
>
> (Lamartine, Chant d'Amour ; Naples, 1822.)

(53) Ce soldat, dans Shakespeare...

« Peace, break thee of! Look, where it comes again .. »

(Hamlet, act. I, scènes 1 et 3.)

(54) De même que les ouvriers grecs...

« Candido marmore usi sunt è Paro insulâ, quem lapidem
« cœpere Lychniten appellare, quoniam ad lucernas in cuni-
« culis cæderetur... » (Plin., Hist. nat., I. XXXVI.)

Je n'ai pas été sans remarquer, à l'entrée de l'une des deux principales carrières de Paros, le petit bas-relief carré qui porte au bas cette inscription :

ΑΔΑΜΑΣ ΟΔΡΥΣΗΣ ΝΥΜΦΑΙΣ.

Je ne crois pas qu'aucun voyageur français en ait parlé depuis Tournefort (en 1700), dans sa cinquième lettre à Monseigneur le comte de Pontchartrain. La relation de la commission, dans le bel ouvrage sur la Morée, dit à peine deux mots de Paros. Je vais donc transcrire ici le passage de Tournefort. Quoique le style en ait un peu vieilli, il reproduit fidèlement les détails du bas-relief, et j'ai retrouvé dans cette lettre quelque chose de l'agrément burlesque qui caractérise la sculpture dont il s'agit.

« Quoique cet ouvrage ait été fort maltraité par le temps,
« il paraît pourtant que c'est une espèce de bacchanale, ou,

« si l'on veut, de noces de village, à vingt-neuf figures d'un
« assez bon goût, mais d'une mauvaise composition. De
« vingt de ces figures, qui sont sur la même ligne, les six
« plus grandes ont dix-sept pouces de haut. Ce sont des
« nymphes qui dansent un branle. Il y en a une autre, assise
« sur la gauche, qui semble se faire presser pour danser.
« Parmi ces figures paraît la tête d'un satyre à longue barbe,
« qui rit de toute sa force. A droite sont placées douze figures
« plus petites, qui semblent n'être accourues que pour voir
« la fête. Bacchus est assis tout en haut du bas-relief, avec
« des oreilles d'âne et une bedaine d'ivrogne, entouré de
« figures de différentes attitudes, mais d'un air tout-à-fait ré-
« joui ; surtout certain satyre, placé de front, avec des oreilles
« et des cornes de bœuf. Les têtes de ce bas-relief n'ont ja-
« mais été finies. C'est le caprice de quelque sculpteur qui se
« divertissait en faisant charger son marbre, et qui écrivit
« au bas de son bas-relief :

Adamas Odrysès
a dressé ce monument aux filles du pays.

« Anciennement les dames s'appelaient des nymphes,
« comme nous l'apprend Diodore de Sicile ; et Barthius dé-
« montre assez bien que ce nom était consacré pour celles
« qui n'étaient pas mariées. »

(55) **Le plus haut est le plus magnifique colosse...**

Ce sont les paroles de Champollion dans ses lettres sur la
Nubie déjà citées. (IVᵉ lettre, pag. 266-287.)

(56) **Salemi (Halycia)...**

« Etiam nunc celebre oppidum vulgari vocabulo dicitur
« *Salemi*, quod antiquum illud nomen Alycia in vulgarem

« linguam conversum gerit. Sal quippè græcis ἅλς, undè de-
« rivatum est verbum ἀλυχός, quod *Salsum* latinis exponi-
« tur. » (Cluv. Sic. ant. II, 12.)

(57) Ici comme en Epire...

> (Enéide, l. III, vers 349, 497-8.)

(58) Où il croyait avoir moins à rougir...

« Sævitiam ac libidinem, cùm factis promeret, locis occul-
« tantem... » (Ann., IV, 57.)
« Saxa rursùm et solitudinem maris repetiit, pudore sce-
« lerum et libidinum. » (*Ibid.*, VI, 1.)

(59) Je voyais son père et sa mere...

« Infantiam habuit laboriosam et exercitam... Comes
« usquequaquè parentum fugæ, quos vagitu suo penè bis
« prodidit, semel cùm ab ubere nutricis, item cùm à sinu
« matris auferretur... » (Suet. in Tiber., VI.)

(60) A l'âge de neuf ans...

« Novem natus annos defunctum patrem pro rostris lauda-
« vit. » (*Ibid.*, *Ibid.*)

(61) Quand son frère meurt en Germanie...

« Drusum fratrem in Germaniâ amisit, cujus corpus pedi-
« bus toto itinere prægrediens Romam usque pervexit. »
(*Ibid.*, VII.)

(62) Quand Auguste triomphe après la bataille d'Actium...

« Pubescens Actiaco triumpho currum Augusti comita-
« tus est, sinisteriore funali equo, cùm Marcellus Octaviæ
« filius dexteriore veheretur... » (*Ibid.*, VI.)

(63) Auguste lui écrit les lettres les plus tendres... (*Ibid.*, XXI.)

« Te rogo ut parcas tibi ; ne, si te languere audierimus,
« et ego et mater tua exspiremus, et de summâ imperii Po-
« pulus Romanus periclitetur... Deos obsecro ut te nobis
« conservent, et valere nunc et semper patiantur, si non
« Populum Romanum perosi sunt. »

(64) Tibère avait épousé.

« Agrippinam, M. Agrippâ genitam, neptem Pomponii
« Attici, equitis Romani, ad quem sunt Ciceronis epistolæ,
« uxorem duxit. » (*Ibid.*, VII.)

(65) Cette suavité...

« Erat in puero summa suavitas oris ac vocis... universis
« carissimus ; nam præter gratiam, quæ jàm adolescentulo
« magna erat, sæpe suis opibus inopiam publicam levavit...»
(Cornelius Nepos. Pomp. Attici vita, 1 et 2 et passlm.)

Je sais que généralement on entend ici par *oris*, la pro-
nonciation, et par *gratia*, le crédit ; mais je préfère le sens
de *regard* et de *grâce*, ne fût-ce que pour cette fois-ci, et
pour aujourd'hui seulement.

(66) Un des deux époux au moins...

« Drusus uxorem gravidam et antè jàm apud se filiam
« enixam petenti Augusto concessit. » (Suet. Tib. vita, IV.)

(67) Tibère aperçut Vipsania...

(Voir tout le chapitre VII de la vie de Tibère dans Suétone,
où ce fait est raconté.)

(68) De lui-même il s'éloigna...

« Tot prosperis confluentibus, integrâ ætate et valetudine,
« statuit repente secedere, seque è medio quam longissimè
« amovere : *Dubium uxoris-ne tædio*, quam neque criminari
« aut dimittere auderet, neque ultrà perferre posset... »
(Suét., X, ibid.)

(69) Les entretiens des rhéteurs...

« Circà scholas et auditoria professorum assiduus... »
(Suet., Tiberii vita, XI.)

(70) Sorte de gymnastique violente...

Je pensais, en écrivant ce mot, à cette observation de
Térence, si juste, si profonde, que les fatigues physiques ne
sont qu'un remède impuissant pour endormir une passion,
une douleur, un désir, une affection quelconque de l'âme :

PHÆDRIA. Opus faciam ut defatiger usquè, ingratiis ut
dormiam ;
PARMENO. Vigilabis lassus : hoc plus facies.

PH. Je travaillerai tant, je me fatiguerai si bien, que, bon
gré mal gré, je dormirai.
PARM. Savez-vous ce que vous y gagnerez? de la fatigue,
oui; du sommeil, point. Vous en serez pour votre peine.
(Eunuch.. act. II, scène 1.)

(71) De se laisser mourir de faim...

(Voyez Tacite, Annales, 1, 12; VI, 23. Cet Asinius Gallus était
fils du célèbre Asinius Pollion.)

(72) Ulysse avait compté vingt années...

Dans le XXIVe chant de l'Odyssée, Ulysse va trouver son père Laerte dans le verger où le vieillard travaille péniblement, seul et triste, vêtu de méchants haillons ; vénérable incurie d'une profonde et inconsolable douleur. Après avoir voulu se cacher encore quelque temps sous un nom et sous un récit imaginaire, Ulysse à la fin ne peut plus se contenir, et s'écrie :

Κεῖνός μέντοι ὅδ' αὐτὸς ἐγὼ, πάτερ, ὃν σὺ μεταλλᾷς,
Ἤλυθον εἰκοςῷ ἔτεϊ ἐς πατρίδα γαῖαν.

« Voici, ô mon père ! celui-là même que vous cherchez ;
« Je reviens, après vingt ans, dans la terre qui est ma patrie. »

FIN.

TABLE.

www.ingramcontent.com/pod-product-compliance
Ingram Content Group UK Ltd.
Pitfield, Milton Keynes, MK11 3LW, UK
UKHW020930120726
13693UKWH00003B/1239